Markus C. Feurstein · Olaf Osten

OLLI, das Zahnputz-Schwein

G&G

Olli, das Stoff-Schwein, wohnt zusammen mit Louis, der blauen Stoff-Maus, und Lily, der Stoff-Tigerin, beim großen Markus, der sie zu seinem fünften Geburtstag bekommen hatte. Mittlerweile ist er 20 Jahre alt, die vier sind unzertrennliche Freunde geworden und frühstücken natürlich jeden Tag zusammen.

Olli, das Schwein, muss ständig irgendetwas tun und stellt sich dabei sehr geschickt an.
Louis, die blaue Maus, ist eine echte Leseratte – man kann ihn fragen, was man will:
Er weiß einfach alles. Und zuletzt gibt es kein mutigeres und sportlicheres Mädchen
als Lily, die Tigerin.

Der große Markus ist von Beruf Fotograf, hatte heute einen anstrengenden Arbeitstag und will nur noch schlafen. Die Tiere aber möchten eine Gute-Nacht-Geschichte hören und fordern lauthals: „Geschichte, Geschichte, Geschichte!"

„Es ist viel zu spät für Geschichten. Selbst schuld – ihr habt wieder eine Ewigkeit gebraucht, um euch die Zähne zu putzen", wehrt sich der große Markus.

Lily, die Tigerin, findet: „Zähneputzen ist nun einmal langweilig!"
„Das stimmt nicht", entgegnet Olli, das Schwein. „Zähneputzen kann aufregend und sehr gefährlich sein. Ich kenne mich aus, denn ich habe jahrelang als Zahnputz-Schwein gearbeitet und dabei mehr als einmal mein Leben riskiert."

„Wie bitte? Das sollen wir glauben? Erzähl uns doch keine Geschichten", rufen die anderen und lachen das Schwein aus.

„Nun, wenn ihr mir nicht glauben wollt, hole ich eben Beweise", schimpft Olli, hüpft vom Bett und rennt zu seinem Schrank.

„Mensch, dein Werkzeug sieht ja klasse aus", staunt Louis, die blaue Maus.
„Ich dachte immer, ein Zahnreiniger arbeitet beim Zahnarzt und trägt einen weißen Kittel."

„Das mag sein, aber ich hatte schließlich einen besonderen Arbeitsplatz: den Zoo!", prahlt Olli.
„Heißt das etwa, du hast wilden Tieren die Zähne geputzt?", fragt Lily, die Tigerin.
„Ganz genau."

„Jeden Morgen bin ich mit meinem Lastwagen voller Werkzeug zum Zoo gefahren und wurde von meinem Freund, dem Portier, hineingelassen."

„*Hiergeblieben!*", rief Tierpfleger Paul jeden Morgen den Känguru-Geschwistern Michel und Ida nach, wenn sie vor dem Zähneputzen über den Zaun flüchteten.

„Die Zahnpflege der Tierkinder ist wirklich kein Zuckerlecken. Sie sehen zwar süß aus, wollen sich aber nie die Zähne putzen. Wenigstens Klaus, der Frischling, ließ sich von mir versorgen – wenn auch widerwillig."

„Interessanter waren für mich natürlich die großen Tiere.
Eines Tages hatte sich ein ganzer Baum im Backenzahn des Elefanten Iwan verklemmt.
Den konnte Iwan nicht selbst entfernen und hatte natürlich starke Schmerzen.
Also wurde ich gerufen. Gar nicht so leicht, in den Mund eines ausgewachsenen

Elefanten zu gelangen. Zum Glück half mir mein Assistent Josef, der kleine Elefant. Ich musste also den Baum ganz vorsichtig heraussägen, ohne Iwan weh zu tun. Viele Elefanten sind nämlich furchtbar empfindlich und beginnen beim geringsten Anlass wie wild zu trompeten. Doch Iwan war sehr tapfer und blieb still."

„Leider hat mich Iwan jedoch vergessen und einfach sein Maul geschlossen. Das war ganz schön unheimlich und stockdunkel. Ich musste meine Grubenlampe einschalten und ihn sanft in die Zunge zwicken, damit er wieder aufmacht und mich nicht hinunterschluckt.

So erleichtert wie nach dieser Behandlung habe ich Iwan selten erlebt. Vor Freude begann er gleich wieder, ein paar Bäume auszureißen."

„Für die Betreuung der alten Giraffe Frieda musste ich ebenso schwindelfrei sein wie für den Elefanten. Sie war nämlich zu steif, um sich zu mir herunterzubeugen, und so musste ich mit dem gesamten Werkzeug zu ihren Zähnen hinaufklettern."

„Während des Zähneputzens in Friedas Maul musste ich mich sogar anseilen, immerhin war sie 6 Meter hoch. Frieda ließ sich gern von mir pflegen, weil sie – abgesehen von den Vögeln – so wenig Besuch bekam."

„Doch ihr wolltet schließlich eine gefährliche Geschichte hören.
Da gab es zum Beispiel den Löwen Otto, mit dem ich mich während des Zähneputzens immer unterhielt. Ich reinigte mal wieder die Eckzähne des Löwen mit Zahnseide und erzählte ihm dabei den Antilopenwitz, den ich gestern bei den Affen gehört hatte."

„Welch ein Fehler – denn dieser Witz ist verdammt gut, und Otto bekam einen Lachkrampf. Dadurch bin ich wie ein Ball aus seinem Maul geschossen und sehe noch heute die großen Zähne vor mir.
Zum Glück ist mir außer ein paar blauen Flecken nichts passiert."

„Dem Krokodil namens Rüdiger konnte ich nie über den Weg trauen. Er hat mich immer angeschaut, als wäre ich Futter. Aber das hilft nichts, du kannst nicht einfach zum Zoodirektor gehen und sagen:

‚Dem Rüdiger putze ich die Zähne nicht!'
Also musste ich mir etwas einfallen lassen, er sollte ja kein Zahnweh bekommen."

„So habe ich den Wagenheber aus meinem Lastwagen benutzt, um Rüdiger das Maul aufzusperren, und vorn zusätzlich die Leiter hineingestellt. Sicher ist sicher."

„Der alte Braunbär Dieter war ein schwieriger Patient, stellt euch vor: Der hat sich sein Leben lang niemals die Zähne putzen lassen. Deshalb verströmte er einen so widerlichen Mundgeruch, dass Tierpfleger Paul eines Tages zu weinen anfing und mich zu Hilfe holte."

„Weil Dieter mich nicht putzen ließ, blieb mir nur die Hochdruck-Munddusche. Die sorgte für eine grobe Reinigung und half wenigstens für ein paar Stunden gegen den Gestank."

„Ganz einfach ist das Zähneputzen bei den Vögeln, weil sie eigentlich keine Zähne haben. Ich musste nur ihre Schnäbel polieren. Besonders der eitle Tukan Emil legte großen Wert darauf, dass alles schön glänzte.

Anstrengend war nur, dass Emil seinen Schnabel einfach nicht halten konnte. Ich musste ständig aufpassen, dass ich nicht von der Leiter fiel."

„Mensch, Olli, so eine gefährliche Arbeit hätte ich dir nie zugetraut. Das war wirklich eine spannende Geschichte", schwärmt Lily, die Tigerin. „Schaut, dem großen Markus hat sie so gut gefallen, dass er dabei eingeschlafen ist."

„Gut, am besten gehen wir auch ins Bett", sagt Olli. „Aber morgen muss der große Markus *uns* eine Geschichte erzählen und nicht umgekehrt!"

Gute Nacht, Freunde!